CITOLÉGIE HÉBRAÏQUE

AUTOMATIQUE,

PAR M. S. FRANCK,

Auteur de la nouvelle Méthode pour apprendre l'hébreu.

Donnez toutes vos leçons en exemples, et soyez sûrs de leur effet.

GENÈVE,

SE VEND CHEZ KESSMANN, LIBRAIRE,

Rue du Rhône, 171.

1842.

IMPRIMERIE DE CH. GRUAZ.

CITOLÉGIE HÉBRAÏQUE.

§ 1. GUIDE DE LA CITOLÉGIE HÉBRAÏQUE.

A. L'alphabet hébraïque semble avoir été originairement hiéroglyphique; c'est du moins ce qui paraît ressortir des noms des lettres, dont la plupart ont une signification en rapport frappant même avec leurs formes actuelles. Ainsi : ALEPH, *taureau*, ou plutôt tête de taureau; BEITH, *maison;* GAMEL, *chameau* ou le pied fourchu du chameau; DALETH, *porte;* VAV, *clou;* ZAYIN, *arme* ou hache d'armes; TEITH, *serpent;* YOD, *bras;* KAF, *main* ployée; NOUNE, *poisson;* HHAYIN, *œil;* PEH, *bouche;* REISCH, *tête*, ou plutôt occiput; SCHINE, *denture;* etc.

Quant à la valeur et à la prononciation des lettres, voyez § 2, C.

B. Faites soigneusement distinguer les lettres qui se ressemblent et se confondent facilement l'une avec l'autre, telles que le BEITH et le KAF, etc. Dans toutes nos éditions le *schine* est marqué d'un point diacritique à droite et le *scine* à gauche.

C. Il est utile d'exercer les élèves à se rendre aussi familiers que possible avec toutes les lettres de l'alphabet, d'une manière progressive et fractionnée, comme nous l'avons fait (let. C), pour prévenir les désagréments d'une confusion assez facile, surtout dans les lettres qui se ressemblent.

D. Quatre lettres finales se distinguent assez facilement de celles qui d'ailleurs leur ressemblent le plus, au moyen de leur prolongement qui dépasse la ligne par en bas. Le Meim final se distingue du Sçamech par sa forme plus anguleuse.

§ 2. Les Voyelles.

Les noms des voyelles sont plus propres à embarrasser les commençants qu'ils ne leur sont utiles. On fera donc bien de ne leur en donner connaissance que lorsqu'ils sauront bien lire, et qu'ils aborderont la grammaire. Ces noms sont :

Phathah, *a* bref. — Kametz, *â*. — Hirik, *i*. — Tseirei, *ê*. — Ségol, *e* bref. — Schourek, *u* bref. — Kometshattof, *o* bref. — Hôlem, *ô*; et Malupum, *û*.

A. Les voyelles longues sont généralement accompagnées de certaines lettres qui représentaient probablement autrefois les voyelles mêmes. On les appelle pour cette raison *matres lectionis* (mères de la lecture). Ce sont : י, ו, ה, א; et elles ne se prononcent point.

B. Ces mêmes lettres-voyelles manquent généralement après les voyelles brèves, excepté dans les cas où ces voyelles sont prolongées au moyen des accents. Voyez la fin de A, au § 3.

C. Les lettres dans ce § C, sont rangées dans l'ordre de leur classification grammaticale, qui diffère un peu de celle que donnent d'autres grammairiens. Mais elle est fondée sur les données de la philologie, développées dans notre nouvelle Méthode hébraïque.

D'après cette classification, les quatre lettres gutturales se prononcent de la manière suivante : ALEPH ou Elif, comme un faible *A*. HÉ, *h* muette. HEITH, *h* aspirée, et HHAYIN, *h* aspirée plus fortement, comme le *H* des Allemands. La deuxième classe, celle des palatales, répond à *G*, *K*, *Q*; celles de la troisième, les linguales (ou demi-sifflantes quand elles sont radoucies, voy. Grammaire arabe), sont *D*,

T, *Th;* celles de la quatrième, appelées dentales ou sifflantes, à *Z*, *Ss*, *Ts*, *Sç*, *Sch;* celles de la cinquième ou labiales, à *B*, *V*, *P*. La sixième classe ne contenant que Meim et Noune, est celle que j'appelle la classe des nasales, parce qu'il est fort probable que ces deux lettres étaient prononcées chez les anciens Hébreux nasalement, comme elles le sont en français. (V. notre Méth.) Enfin, la septième, celle que j'appelle la classe des liquides, contient L et R.

§ 3.

A. Les syllabes simples sont généralement formées d'une seule consonne ponctuée d'une voyelle longue, les lettres י, ו, ה, א, qui les suivent n'étant que des *matres lectionis* qui ne se prononcent point. Il y a cependant des cas où les voyelles ordinairement brèves forment aussi des syllabes simples, mais seulement lorsqu'elles sont, en quelque sorte, prolongées au moyen de l'accent, ainsi que nous l'avons déjà indiqué plus haut. Prononcez donc :

Bâ, Mî, Tsê, Mâ, Guê, ô, Lô, Kô, Pô, Bô, Nâ, I, Hêi, Lî, Dêi, Tsî, Sçâ, Hû, Hi, Zê, Pê, Mâ, Sçê.

B. Les syllabes composées consistent généralement en deux consonnes, dont la première seule est ponctuée d'une voyelle brève; ainsi prononcez :

Al, El, Ime, Gane, Bène, Raq, Hime, Hame, Guide, Schuq, Ssig, Ssam, Ssaph, Rach (le ך final se prononce presque toujours comme ch en allemand), Hoq, Dal, Schuq, Tsits, Zach, Ssal, Ach, Mane, Mine, Kaph, Pach, Aph, Col, Pur, Lets.

C. Il y a des syllabes composées qui sont ponctuées de voyelles longues, mais seulement dans les cas où ces syllabes ont l'accent. Cet accent maintient la longueur de la voyelle malgré la composition, qui, de sa nature, abrège les voyelles. Ainsi prononcez :

Ab, Ême, Guêre, Gûr, Dôd, Hôd, Zâr, Zêde, Hêich, Hêine, Hûtz, Hôph, Hôl, Yôme, Dîne, Kêne, Heitz, Hôm, Mîne, Hâme, Côss, Ssûss, Lêb, Tôb, Quêtz.

D. Contient des exercices mêlés sur les syllabes composées, à voyelles longues ou brèves, et sur les syllabes simples, etc.

Rem. ףֿ et ךֿ finales = Ph et Ch, d'après la règle du Raphê. (V. § 4, A.)

§ 4. Des Lettres radoucies, etc.

בּגּדּכּפּתּ — בֿגֿדֿכֿפֿתֿ

A. Anciennement les lettres radoucies seules étaient marquées d'un signe (-) qu'on appelait Raphê (רפה), *radoucissant*, pendant que celles qui ne l'étaient pas se prononçaient de la manière ordinaire; c'est ce qui rendait le DAGUESCH LENIS ou *point ordinaire* superflu. On évitait par là aux élèves commençants, l'embarras d'avoir à distinguer ce point ordinaire (qui ne sert qu'à indiquer qu'une de ces six lettres se prononce sans radoucissement), du DAGUESCH FORTIS (*point fort*), qui redouble la lettre dans laquelle il se trouve. Mais comme toutes nos éditions ponctuées et imprimées ont malheureusement été surchargées de ce point superflu et équivoque, et que ce signe du Raphê (-), aussi utile que commode, a été supprimé, nous avons été contraint de faire usage de ce premier point dans cette méthode de lecture, tout en conservant (mais pour ce § seulement) l'ancien signe du Raphê (-), afin de rendre plus sensible à l'élève la règle que nous allons lui donner. Le phénomène du RAPHÊ ou *radoucissant* existe dans toutes les langues. Nous prononçons bien plus fortement le B dans le mot *bon* que dans le mot *aimable*, et les Allemands ont également cette différence dans les mots beten et geben. La règle du Raphê est donc fondée sur la loi générale de l'euphonie, qui veut qu'on prononce plus doucement la consonne qui suit la voyelle que celle qui la précède. La consonne qui commence un mot ou une phrase, est donc moins douce que celle qui se trouve dans le milieu du mot, et surtout après une voyelle longue ou accentuée.

Ainsi s'expliquent les exemples de A, B et C, qu'on prononce de la manière suivante :

A. Bâ, Aw, Caph, Gâd, Bên, Pâr, Yad, Schêth, Path Lahème, Bî Bâhar, Lew ,Dow, Hag, Heith, Eith, Hôph, El Heich Dân.

B. Awêl, Bâwel, Hêiphets, Adôme, Ochêl, Êiphô, Gadôl, Hêider, Hotham, Hôthen , Hâthan , Hhugaw, Hhêguel,

Hhâguil, Athône, Pâthîl, Schôphâr, Sçaphâ.

C. Zêwed, Zêwah, Ewen, Bêgued, Quêwer, Nêched, Nêphesch.

On aura remarqué sans doute, en comparant la prononciation approximative que nous donnons ici avec ce que nous avons dit plus haut du radoucissement des six lettres B, G, D, K, P, Th, que le Gamel et le Daleth n'éprouvent pas le moindre changement réel dans leur prononciation par suite du Raphê, et on demandera naturellement où est l'application de la règle? A cela nous répondons, que la langue hébraïque ayant passé des doux climats de l'orient à ceux beaucoup plus rudes de l'occident et du nord, a nécessairement beaucoup perdu de son ancienne douceur et de son harmonie. Ce qui était distinct et radouci autrefois, ne l'est plus aujourd'hui; mais ceux à qui la langue arabe est familière savent que dans cette langue-sœur les lettres Gamel et Daleth se prononcent encore aujourd'hui bien différemment quand elles sont Raphê ou radoucies ; le Dsal n'étant autre chose que le Dal radouci, le Dgime qu'un radoucissement du Gayin.

Rem. Nous avons employé le ch allemand pour כֿ, faute de lui trouver un équivalent en français, et le TH anglais radouci pour rendre תֿ.

D. Le point réduplicatif, redoublant la lettre dans laquelle on le place, ne peut par cela même jamais se mettre au commencement ou à la fin d'un mot, ni dans une lettre gutturale quelconque. Ces lettres, de leur nature, ne sont qu'une aspiration plus ou moins forte qui n'est point susceptible de redoublement. Quant au point qu'on trouve quelquefois dans le הּ final, il est d'un genre tout différent. (V. § 6, C.)

Le ר ne prend pas non plus ce point (Daguesch fortis), probablement parce que cette lettre se prononçait de manière à ne pas pouvoir être doublée. (Comparez-le avec le ρ grec quand il est accompagné d'un augment.)

Remarquons encore que le *Daguesch fortis* se place généralement après les voyelles brèves, mais jamais après les Schevas.

§ 5.

A. Le Scheva est mobile chaque fois qu'il commence une syllabe; ainsi prononcez :

Benî, Reêh, Tse-î, etc.

B. D'après la même règle, le Scheva est toujours mobile après une voyelle longue formant une syllabe simple non accentuée; ainsi prononcez :

Pâquedâ, Schômerâ, Schôphetim, etc.

C. Le Scheva est quelquefois mobile après une voyelle brève lorsqu'il est placé sous la première de deux lettres semblables ; ainsi prononcez :

'Hinenî, 'Halelû, etc.

D. Il est immobile, c'est-à-dire entièrement muet, après une voyelle brève, quand la lettre sous laquelle il est placé termine une syllabe, et quelquefois même après une voyelle longue, lorsque celle-ci est accentuée; prononcez :

Schâmarthî, Quâwarthâ, etc.

Lorsqu'il y a deux Schevas terminant le mot, tous les deux restent muets comme dans :

Châphatth, Yôladth, Yàphth, Vayêwc, Nêrd.

E. De deux Schevas qui se suivent au milieu d'un mot, le premier seul est muet, mais l'autre est mobile; ainsi prononcez :

Yischkenû, Thimkerû, etc.

F. Le *point réduplicatif* dans une lettre ponctuée d'un Scheva, produit par le redoublement deux Schevas ;

et, étant au milieu du mot, il en résulte que le Scheva écrit est nécessairement mobile :

Piqquedâ, Schallehî, etc.

§ 6.

אהחע.

A. Les règles de lecture résultant de la nature toute spéciale de ces lettres, étant suffisamment indiquées à la tête des exemples de ce §, nous remarquerons ici seulement que tout Scheva composé qui se trouve au milieu d'un mot, doit généralement être précédé d'une voyelle brève homogène ; et, par conséquent, le ᾿ qu'on trouvera placé devant un ⸗: est le Kometz bref et se prononce o et non â, comme beaucoup d'élèves pourraient être tentés de le croire. Mais le ᾿ qu'on trouvera devant —: est en effet l'â long. Car en certains cas on trouve des Schevas composés, précédés d'une voyelle longue qui en est tout-à-fait indépendante, comme dans *Bâhanû*, *Schihathû*, *'Hâadâmâ*.

2e *Rem*. Les Schevas composés se lisent plus rapidement que de simples voyelles brèves; ainsi lisez aussi rapidement que possible dans : Hhabor, Hhawôdnâ, Eessoph, Yahamôd, etc.

3e *Rem*. Toute voyelle précédant un Scheva composé, est généralement accompagnée d'un *Métheg* pour mieux distinguer le son de celle-là du son du Scheva qui est plus rapide. (V. § 7, B.)

B. Le Phathah furtif n'étant pas une voyelle réelle ne doit pas se lire, comme d'autres ponctuations, après la lettre sous laquelle il se trouve, mais avant celle-ci; ainsi prononcez :

Ezrôahh et non *Ezrôha*, *Ephrôah* et non *Ephrôha*.

C. Le point qu'on trouve au milieu des הּ n'a rien de commun avec les autres, appelés *lenis* et *fortis*, et ne se place dans cette lettre que lorsqu'elle est finale et dans des cas très-rares, pour la renforcer ; de manière que de *h muette* qu'elle était, elle devient égale en force à l'h fortement aspirée, et c'est là ce qu'exprime son nom de *Mappiq* מפּיק *(faisant sortir)*, lisez donc :

Bâhh, *Gâbôahh*, *Lâhh*, *Yâhh*, *Elôahh*, *Yagbîahh*, etc.

§ 7.

A. Tout petit mot qui n'a point d'importance par soi-même (et surtout les particules), est sujet à devenir enclitique, c'est-à-dire qu'il perd son accent propre et se réunit au mot principal au moyen d'un Makeph ou trait d'union. L'élève remarquera que ces mots ainsi réunis changent pour la plupart leur voyelle longue en brève, principalement les syllabes composées, par suite de la règle du § 3, B.

Ainsi le ◌ָ qu'on trouvera sous le mot כָּל־ est une voyelle brève; lisez donc : Él Col Benêi Yisçrael etc.

B. Le Metheg *(frein)* est un signe qui retient, pour ainsi dire, le lecteur à une certaine syllabe, ou pour l'avertir de la bien distinguer de ce qui suit, comme dans les exemples du précédent §, lorsqu'il est placé devant les Schevas mobiles, ou simplement pour l'arrêter davantage à une syllabe qui est la troisième avant l'accent, comme dans *'Hââdam*, *Béhâtzer*, etc.

§ 8.

Voyez les règles en tête des exemples.

TRADUCTION PHILOLOGIQUE

DU CANTIQUE DE MOÏSE, Deut. XXXII.

1 Cieux, quand je parle prêtez l'oreille,
Et toi, terre, écoute les paroles qui sortiront de ma bouche.
2 Que la persuasion coule de mes lèvres semblable à la pluie,
Que mes discours se répandent comme la rosée,
Comme ces fortes pluies sur l'herbe,
Comme ces eaux du ciel qui tombent en abondance sur les plantes.
3 Car je vais prononcer le nom de Jehovah, rendez gloire à notre Dieu !
4 Les œuvres de ce Dieu, de ce roc de puissance, sont à l'abri de tout reproche,
Car la justice préside à toutes ses voies.
Dieu est immuable en ses desseins, il n'y a point en lui d'inconstance,
Car il est l'équité et la droiture même.
5 La corruption ! Ce n'est pas à lui qu'il faut l'imputer ;
C'est leur œuvre à eux, l'œuvre de ses enfants;

Génération inique et perverse !

6 Est-ce à Jehovah que tu penses l'attribuer, peuple indigne et insensé?

N'est-ce pas lui qui est ton père, ton créateur?

N'est-ce pas lui qui t'a fait, qui t'a fondé?

7 Rappelle-toi les temps d'autrefois,

Jette un regard sur les siècles écoulés,

Interroge ton père, il pourra te le raconter,

Demande aux vieillards, et ils te diront :

8 Que lorsque le Très-Haut donna des possessions aux peuples,

Lorsqu'il traça des limites aux fils de l'homme,

Il fixa ces limites des peuples selon le nombre des enfants d'Israël.

9 Car Israël est le partage de Jéhovah,

Jacob est une part de ses possessions.

10 Il le trouva dans le pays du désert, dans ces vastes et affreuses solitudes ;

Là, il l'entoura, il l'environna de sa protection,

Il le garda comme la prunelle de son œil.

11 Semblable à l'aigle qui éveille sa couvée, s'ébat sur ses aiglons,

Déploie ses ailes pour les y recevoir,

Et les emporte dans son vol rapide —

12 Ainsi Jéhovah lui seul le conduisit,

Il n'y avait pas de dieux étrangers avec lui.

13 Il va l'établir sur les hauteurs de la terre,
Et lui faire goûter les doux fruits des champs;
Il fait couler pour lui le miel des flancs du rocher,
Et l'huile, de la pierre la plus dure.
14 Il l'abreuve du lait des vaches et des brebis,
Il lui donne la graisse des taureaux,
Des béliers et des boucs de Basan,
Et le froment le plus beau;
Il lui fait boire en abondance le sang du raisin.
15 Alors, Yeschurûn, devenu brillant d'embonpoint et gras outre mesure,
Oui, devenu gros, gras et replet,
Tu abandonnes le Dieu qui t'avait fait,
Tu rejettes indignement le roc de ton salut.
16 Ils provoquent son courroux par des dieux étrangers,
Ils affligent son cœur par des abominations.
17 Ils sacrifient aux génies malfaisants qui n'ont rien de divin,
A des divinités qu'ils n'avaient pas connues eux-mêmes;
A des nouveaux venus qui datent d'hier,
Que n'adorèrent point ses pères.
18 Ils ont perdu de vue le roc qui leur a donné le jour, ce roc de puissance!

Ils ont oublié le Dieu qui les a mis au monde !
19 Jéhovah le voit et s'en indigne,
Il s'irrite de l'injure que lui font ses fils et ses filles.
20 Il dit : Détournons d'eux notre face,
Et nous verrons quelle sera leur fin ;
Car c'est une génération pleine de perversités,
Ce sont des hommes sans cœur.
21 Ils m'ont provoqué par leurs dieux de néant,
Ils m'ont affligé par leurs folies —
Moi, je vais provoquer leur rage par des peuples de néant ;
Je les affligerai par des nations indignes.
22 Car un feu s'est allumé sur mon visage,
Les flammes en descendent jusqu'aux profonds abîmes ;
Elles consument la terre et ses fruits,
Et embrasent jusqu'aux fondements des montagnes.
23 J'entasserai tous les maux sur leurs têtes,
J'épuiserai sur eux toutes mes flèches.
24 Ils seront dévorés par la faim,
Consumés par les ardeurs de la soif, et par le Kétheb désastreux.
Je lâcherai sur eux les bêtes à la dent meurtrière ;

Lorsqu'il verra toute force éteinte,
Lorsqu'il verra également anéantis le faible
et le puissant,
37 Et il leur demandera alors : Où sont-ils vos
Dieux,
Ces Dieux protecteurs à l'ombre desquels
vous vous étiez réfugiés,
38 Ces Dieux, des victimes desquels vous man-
giez la graisse,
Et des libations desquels vous buviez le vin?
Qu'ils se lèvent maintenant, qu'ils viennent à
votre secours,
Qu'ils vous couvrent de leur protection!
39 Maintenant voyez donc que c'est moi, que
c'est moi seul qui suis Dieu,
Et qu'il n'y en a point d'autre à côté de moi.
C'est moi qui fais mourir, c'est moi qui fais
vivre;
C'est moi qui blesse, c'est moi qui guéris,
Et il n'y en a point qui puisse se soustraire
à mon bras.
40 Car je lève mon bras vers le ciel
Et j'en jure par ma vie éternelle!
41 Que si jamais j'aiguise mon glaive flam-
boyant,
Si jamais mon bras s'arme de justice,

Si ce n'était que leur Dieu tutélaire [roc] les
eût abandonnés,
Et que Jéhovah lui-même les eût livrés.
31 (Car leur Dieu ne ressemble pas au nôtre,
Aussi nos ennemis sont-ils tombés sous nos
coups);
32 Car leur vigne semble entée de la vigne de
Sodome;
Leur racine semble avoir été tirée des champs
de Hamorah.
Ses grappes sont des raisins empoisonnés,
Et les fruits qu'elle porte sont des plus
amers.
33 Leur vin est le venin des serpents,
Et le poison déchirant des vipères.
34 Aussi je tiens pour eux en réserve *des châ-
timents terribles*,
Je les tiens renfermés dans mes trésors;
35 Auprès de moi sont la vengeance et la rétri-
bution
Pour le temps où leur pied chancellera,
Car il est proche, le jour de leur ruine;
Leur avenir, gros de malheurs, s'avance à
grands pas sur eux.
36 Car Jéhovah fera justice à son peuple,
Il reviendra à des sentiments plus doux en-
vers ses serviteurs —

Lorsqu'il verra toute force éteinte,
Lorsqu'il verra également anéantis le faible et le puissant,
37 Et il leur demandera alors : Où sont-ils vos Dieux,
Ces Dieux protecteurs à l'ombre desquels vous vous étiez réfugiés,
38 Ces Dieux, des victimes desquels vous mangiez la graisse,
Et des libations desquels vous buviez le vin?
Qu'ils se lèvent maintenant, qu'ils viennent à votre secours,
Qu'ils vous couvrent de leur protection!
39 Maintenant voyez donc que c'est moi, que c'est moi seul qui suis Dieu,
Et qu'il n'y en a point d'autre à côté de moi.
C'est moi qui fais mourir, c'est moi qui fais vivre;
C'est moi qui blesse, c'est moi qui guéris,
Et il n'y en a point qui puisse se soustraire à mon bras.
40 Car je lève mon bras vers le ciel
Et j'en jure par ma vie éternelle!
41 Que si jamais j'aiguise mon glaive flamboyant,
Si jamais mon bras s'arme de justice,

Je ferai descendre la vengeance sur la tête
de mes ennemis,
Et je rendrai la haine à ceux qui me haïssent.

42 J'enivrerai mes flèches de sang,
Mon glaive se rassasiera de chair,
Du sang des blessés et des captifs,
Et du carnage des ennemis terrassés.

43 Vous, nations, célébrez les triomphes de son peuple,
Car il vengera le sang de ses serviteurs,
Il fera tomber la vengeance sur ceux qui les auront opprimés,
Et la terre se réconciliera avec son peuple.

NOTE. ℣ 30 doit s'entendre comme une allusion aux premiers temps de la gloire des Hébreux, où malgré la disproportion dont il est parlé dans ce verset, ils eurent l'avantage de battre ces mêmes ennemis, qui les accablèrent à leur tour aux jours de leur désobéissance, parce que Dieu les avait abandonnés.

מקרא לשון עבר

מאת

מרדכי פראנק

CITOLÉGIE HÉBRAÏQUE.

§ 1. ALPHABET.

Vav,	Hé,	Daleth,	Gamel,	Beith,	Aleph,
ו	ה	ד	ג	ב	א
Lamed,	Kaph,	Yod,	Teith,	Heith,	Zayin,
ל	כ	י	ט	ח	ז
Tsadé,	Peh,	Hhayin,	Ssamech,	Noune,	Meim,
צ	פ	ע	ס	נ	מ
		Thave,	Schine,	Reiche,	Kouf,
		ת	ש	ר	ק

VALEUR DES LETTRES.

p,	ts,	q,	r,	ch,	th,	
פ	צ	ק	ר	ש	ת	A
k,	l,	m,	n,	ss,	hh,	
כ	ל	מ	נ	ס	ע	
v,	z,	h aspir.,	h,	t,	y,	
ו	ז	ח	ה	ט	י	
a,	b,	g,	d,	h muette,		
א	ב	ג	ד	ה		

EXERCICE SUR L'ALPHABET.

B ב, כ, פ. ג, נ. ד, ר.

ה, ח, ת. ו, ז, י.

ט, מ, ע, צ. ל, ק.

שׁ Schine, שׂ Scîne.

C א ב ג ד. ב א ג ד.

ג ד ב א. ד ג ב א.

ה ו ז ח. ו ה ח ז.

א ה ב ו. ג ז ד ח.

ט י כ ל. כ ל י ט.

א ט ב י. ג כ ד ל.

מ נ ס ע. ה מ ו נ

ז ס ח ע.

ט מ י נ, כ ס ל ע.

א ט מ, ב י, ג נ ס

כ ד ל ע.

פ צ ק ר. א פ צ ר,

ב ק ג ר, ד צ. ה פ,

ו צ ז ק ח ר. ט פ מ,

י צ נ. ב ק ס.

אה ט מ ע ר שׁ שׂ ת.

את בש גר דק הצ

ופ זע חס טנ ימ כל

י ו ז ע צ שׁ שׂ נ ג

ב כ ד ר ה ח ת ט מ.

LES CINQ LETTRES FINALES. D

כך, מם, נן, פף, צץ.

וזן, דרך, סם, פף,
עץ, צץ.

§ 2. LES VOYELLES.

û	ô	o	u	é	ai;ê	i	â	a
וּ	וֹ	ֳ	ֻ	ֶ	ֵ	ִ	ָ	ַ

Rem. La voyelle (ִ) est longue quand elle est suivie de י.

A אָ אִי אֵ אוֹ אוּ · בָ גִי דֵ

הוֹ וּ זוֹ זוּ ·

B חַ טִ יֶ כְ לֱ מַ נִ סֶ

עְ פֱ צַ קִ רֶ שְׁ תֱ ·

C אֲ הֲ חֲ עֲ · גָ כָ קִ

דִ טֵ תִ · זִי סִי צִי שִׁי שִׂי

בֵ וֶ פֵ מֶ נֶ לוֹ רֱ ·

§ 3. SYLLABES SIMPLES ET SYLLABES COMPOSÉES.

A בָא מִי צֵא מָה גֵה אוֹ לוֹ כֹּה

פֹּה בּוֹ נָא אִי חֵי לִי דֵי צִי

שָׂא הוּא הִיא זֶה פֶּה מַה שֶׂה :

B אַל אֶל אִם גַּן בֶּן רַק עִם
עַם גַּד שַׁק סַג סַם סַף רַךְ חַק
דַּל שַׁק צַץ זַךְ סַל אַךְ מַן מִן
כַּף פַּד אַף כָּל פַּר לֵץ.

C אֵב אֵם גֵּר גוֹר דוֹר הוֹד
זֵר זֵד חֵיךְ חֵן חוֹץ חֹף חֹל
יוֹם דִּין כֵּן חֵץ חֹם מִין
עֹם כּוֹס סוּס לֵב טוֹב קֵץ.

D אֵל אֵל, בֵּן גֵּר, בֵּין דַּם
לְ דָם. עַד עִיר, פֵּן צוֹם, קוֹל
לֵץ. דֹּר וָדֹר, פַּר בֶּן בָּקָר
רַד וָטוֹב, לָקַח דָּם. קַן פַּת צוֹף.

§ 4. DES LETTRES RADOUCIES ET PONCTUÉES.

ב ג ד כ פ ת

A בָּא אָבֿ · כַּף גַּדֿ · בֵּן פָּר ·

יַדֿ שֵׁתֿ · פַּתֿ לָחֶם · בִּי בָּחַר ·

לֵבֿ טוֹבֿ · חַגֿ , חֵתֿ · אֵתֿ חֹתּ ·

אֶל חֵידֿ דָּן ·

B אֶבֵל , בָּבֶל , חֵפֶץ , אָדוֹם ,

אֹכֶל , אֵיפָה , גָּדוֹל , חֵדֶר

חוֹתָם , חֹתֶן , חָתָן , עוֹגָב ,

עֵגֶל עָגִיל , אָתוֹן , פָּתִיל ,

שׁוֹפָר , שִׁפְחָה ,

C זֶבֶד , זֶבַח , אֶבֶן , בֶּגֶד ,

קֶבֶר , נֶכֶד , נֶפֶשׁ ·

DU POINT RÉDUPLICATIF. (Daguesch fortis.)

D גַּנָּב , אַבִּיר , גִּבּוֹר , מִטָּה ,

מַמָּע , מַבּוּל , מַפָּח , מִלָּה ,

חֻפָּה , רִנָּה , שִׁמּוּר , מַצָּה ,

הַמֶּלֶךְ .

EXERCICES FACILES SUR LES § 3 ET 4.

מִי מָ צָא אוֹתוֹ · מֶה עָ שִׂי תָ פֹּה .

שׁוּ בוּ הֵ נָּה · לֹא שׂוֹ נֵא הוּא לוֹ ,

רָ אִ י תָ אוֹ תָ נוּ · אֵת יְיָ נוּ שָׁ תִ י נוּ ,

מָ צָא נוּ מַ יִם , הִיא שָׁבְ הָ הָ עִי רָה

דַּי עוֹ לָה · אַיֵּה הָ יִי תָ אֶ מֶשׁ .

לָמָּה רִמִּי תוּ נוּ · אִם יָ בוֹא הַנָּ גִיד

יֹא כַל אִתָּ נוּ לֶ חֶם · שָׁ בוּ הַתָּ רִים ,

מִי זֶּה בָּא מִן הֶהָ רִים? אָבִי נוּ

רֹ עֵ נוּ הוּא. הִיא תַּצִּי לֵנוּ מִיַּד שׁוֹ נֵא.

הַגֵּד נָא לִי מִי בָּא וּמִי יָ צָא

מִפֹּה. כֹּה עָ שׂוּ לִי. עָ נוּ לָנוּ

קָ שׁוֹת. בָּאנוּ הָ עִי רָה. אָ נָה

תֵּ לֵ כוּ.

§ 5. DU SCHEVA (:E muet), MOBILE ET IMMOBILE.

A בְּנִי רְאֵה צְאִי פְּנֵי בְּנוּ בְּךָ

פְּרוּ רְבוּ זְאֵב כְּתָב דְּבַשׁ בְּכוֹר

גְּמוּל בְּרוֹשׁ שְׁתִיךְ. גְּבוּל בְּדִיל

זְכוּר גְּדוּד נְגִיד סְפֹר פְּתִיל,

שְׁבִי.

B פְּ קֻדָּה שׁ מְרָה שׁ פְּטִים

עוֹ לְמֵי־עַד ·

C הִ נְנִי הַ לְלוּ גַּ לְלוּ חַ לְלֵי עַ מְמֵי

רְ בָבוֹת חָ נְנֵנִי ·

D שָׁ מַרְ תִּי קָ בַרְ תִּ· שְׁאַלְ תֶּם עֲבָדַי

בְּמַרְ מָה· שָׁ פַטְתְּ יוֹ לַדְתְּ

יַפְתְּ וַיֵּבְךְּ נֵרְדְּ קֹשְׁטְ·

E יֵשְׁ כְנוּ תִּמְ כְרוּ נִשְׁ לְחָה

נִשְׁ מְעָה עַבְ דְכֶם מַרְ דְּכַי

F פִּקְדָה שַׁלְחִי כַּבְּסוּ מְבַקְשָׁה

הָ אֱלֹמִים מְדַבְּרִים

EXERCICES MÊLÉS.

קָרָא תִיו וְלֹא עָנָה מְאוּ מָה · הִנֵּה

נְתַתִּיךָ לְנָשִׂיא עַל הָעָם הַזֶּה · לֹא

אֲבִיתִי בוֹ וְשִׁלַּחְ תִּיו · מִי הוּא זֶה

וְאֵי פוֹא הוּא · עַתָּה מִי יֵצֵא

וְיָבוֹא לְפָ נֵי נוּ · לְךָ קִוִּי נוּ אֵל

נָא תַּכְ לִי מֶנּוּ · רִיבָה רִי בֵי נוּ

וְדִי נֵי נוּ · מְצָא נוּ הוּ בִּשְׂדֵי הַיָּעַר ·

צְאֶי נָה וּרְ אֶי נָה בְּנוֹת צִיּוֹן

בַּמֶּלֶךְ שְׁלוֹמֹה · כָּמוֹנִי כָּמוֹךָ כְּעַמִּי

כְּעַמֶּךָ

§ 6. DES LETTRES GUTTURALES ע, ח, ה, א.

Ces quatre lettres ont par la nature de leur prononciation gutturale la propriété de ne pouvoir être exprimées qu'avec des voyelles homogènes, c'est-à-dire avec des A ou des E. Elles affectent de préférence cette vocalisation partout où d'autres consonnes exigeraient des voyelles différentes. De là aussi ce qu'on appelle le Phatah furtif dans les cas où ces consonnes devraient être muettes, c'est-à-dire sans points-voyelles ; et les Schevas composées, ◌ֲ, ◌ֱ, ◌ֳ, qui par conséquent sont mobiles. Elles n'ont de Schevas simples et immobiles que dans un petit nombre de cas où la rapidité du discours l'exige.

A עֲבֹר עֲבֹדְנָה אֶאֱסֹף יַחֲמֹד נַהֲרוֹג

נֶעֱכַר נֶאֶסְפַּת הֶעֱמִיד מַעֲמִיד הָאֲכַל

יַעֲמֹד הֱיִיתֶם לֶאֱכֹל אֱחֹז אֶחֱזִי יַחֲרֹד

יֶאֱסֹף הֶחֱרַמְתִּי וְהַחֲרַמְתִּי מַחֲצָה

בַּחֲנוּ תִּשְׁחֲטִי יִזְעֲקוּ צַעֲקִי אַהֲבָה

לְרַחֲקָה שֶׁחָתוּ נִבְהֲלָה בְּעָרוּ יְבֻעָרוּ

חָגוֹר · אֱכֹל עֲפַר הָאֲדָמָה ·

EXCEPTIONS.

יַחְגֹּר תַּחְמֹל יֶחְדַּל יֶחְכַּם יֶחְדְּלוּ

יַחְבְּשׁוּ נֶעֶבְרָה ·

B. — PHATAH FURTIF.

אֶזְרַע אֶפְרַח בֹּטֵחַ גָּבֹהַּ מִזְבֵּחַ מַבּוּעַ רֹצֵחַ

גָּבִיעַ זְרוֹעַ יַצְלִיחַ גַּלֵּחַ יוֹדִיעַ מַטְבֵּעַ תַּפּוּחַ

C. הּ RENFORCÉ (appelé Mappik הּ) AU MOYEN D'UN POINT.

בָּהּ גְּבוֹהַּ לָהּ יָהּ אֱלוֹהַּ יַגְבִּיהַּ אוֹתָהּ ·

EXERCICES MÊLÉS.

וַיִּבֶן נֹחַ מִזְבֵּחַ · וַיָּרַח אֱלוֹהַּ אֶת רֵיחַ

הַנִּיחוֹחַ · פְּרוּ וּרְבוּ שִׁרְצוּ בָאָרֶץ וּרְבוּ

בָהּ · אָמַר לָהּ אִם לֹא תַגְבִּיהַּ לִצְעֹק לֹא

תִּשְׁמַע. לֹא אֶעֱזֹב אוֹתָהּ. הָיָה כְּרֵעַ כְּאָח
לָהּ. יַד עַל נֵס יָהּ. עָזִּי וְזִמְרָת יָהּ. אַתָּ
תוֹשִׁיעַ אֶת יִשְׂרָאֵל. אֱמֶת מֵאֶרֶץ תַּצְמִיחַ.
מַה נַּעֲשֶׂה לַאֲחוֹתֵנוּ בַּיּוֹם אֲשֶׁר יְדֻבַּר בָּהּ.

§ 7. DU MAKEPH – (trait d'union).

A אֶל־כָּל־בְּנֵי־יִשְׂרָאֵל. וְאַתָּה הָרֵם
אֶת־מַטְּךָ וּנְטֵה אֶת־יָדְךָ עַל־הַיָּם.
לֹא־נִשְׁאַר בָּהֶם עַד־אֶחָד.
וְהִיא־גַם־הִוא אָמְרָה אָחִי הוּא.
בְּתָם־לְבָבִי־עָשִׂיתִי זֹאת. וַיַּרְא אֱלֹהִים
אֶת־כָּל־אֲשֶׁר־עָשָׂה וְהִנֵּה־טוֹב
מְאוֹד וַיְהִי־עֶרֶב וַיְהִי־בֹקֶר יוֹם הַשִּׁשִּׁי.

DU METHEG ׀ (trait d'arrêt).

B הָֽאָדָם · אֲשֶׁר בְּֽחָצֵר · יַֽעֲבֹר אוֹתָךְ.

כִּֽי־גָאֹה גָּאָה · בְּכָל־מֽוֹשְׁבֹתֵיכֶם

תֹּֽאכְלוּ מַצּוֹת · הַֽאֵין פֹּה נָבִיא ·

§ 8. DES ACCENTS QUI RÉPONDENT A NOTRE PONCTUATION.

Les accents les plus importants sont ceux qu'on peut appeler *séparatifs;* tels que le SILLUK (׀), point de cessation, qui répond à notre point (.) à la fin d'une phrase; et l'ATHNAH (֑) ou point de repos, marquant généralement une pause au milieu des versets. Celui-ci répond souvent au (;) et quelquefois aux deux points (:). Tous les autres accents sont d'un moindre usage. On peut en voir une collection complète dans notre Méthode de langue hébraïque.

L'accent en hébreu se place ou sous la dernière syllabe d'un mot ou sous l'avant-dernière. Dans le premier cas on l'appelle MILRAH et dans le dernier MILHEL.

Rem. Les consonnes gutturales poncluées d'un Phatah furtif n'étant regardées que comme des muettes ne prennent jamais d'accent. Ainsi dans גָּבוֹהַּ p. ex. l'accent est *Milrah* quoique placé sous בוֹ qui paraît être l'avant-dernière syllabe, le phatah furtif ne comptant pas pour une voyelle réelle.

A וַיֹּאמֶר אֱלֹהִים יְהִי אוֹר וַיְהִי אוֹר׃

יְהוָה אִישׁ מִלְחָמָה יְהוָה שְׁמוֹ׃

נִצְּבוּ כְמוֹ־נֵד נֹזְלִים קָפְאוּ תְהוֹמוֹת

בְּלֶב־יָם׃

B וַיֹּאמֶר אֱלֹהִים יְהִי רָקִיעַ בְּתוֹךְ הַמָּיִם

וִיהִי מַבְדִּיל בֵּין מַיִם לָמָיִם׃

זֶה אֵלִי וְאַנְוֵהוּ אֱלֹהֵי אָבִי וַאֲרֹמְמֶנְהוּ׃

יוֹם לְיוֹם יַבִּיעַ אֹמֶר וְלַיְלָה לְּלַיְלָה

יְחַוֶּה דָּעַת׃

דברים לב

א הַאֲזִינוּ הַשָּׁמַיִם וַאֲדַבֵּרָה
וְתִשְׁמַע הָאָרֶץ אִמְרֵי־פִי׃
ב יַעֲרֹף כַּמָּטָר לִקְחִי
תִּזַּל כַּטַּל אִמְרָתִי
כִּשְׂעִירִם עֲלֵי־דֶשֶׁא
וְכִרְבִיבִים עֲלֵי־עֵשֶׂב׃
ג כִּי שֵׁם יְהוָה אֶקְרָא
הָבוּ גֹדֶל לֵאלֹהֵינוּ׃
ד הַצּוּר תָּמִים פָּעֳלוֹ
כִּי כָל־דְּרָכָיו מִשְׁפָּט
אֵל אֱמוּנָה וְאֵין עָוֶל
צַדִּיק וְיָשָׁר הוּא׃

ה שִׁחֵת לוֹ לֹא בָּנָיו מוּמָם
דּוֹר עִקֵּשׁ וּפְתַלְתֹּל׃

ו הַלְיהוָה תִּגְמְלוּ־זֹאת
עַם נָבָל וְלֹא חָכָם
הֲלוֹא־הוּא אָבִיךָ קָּנֶךָ
הוּא עָשְׂךָ וַיְכֹנְנֶךָ׃

ז זְכֹר יְמוֹת עוֹלָם
בִּינוּ שְׁנוֹת דֹּר־וָדֹר
שְׁאַל אָבִיךָ וְיַגֵּדְךָ
זְקֵנֶיךָ וְיֹאמְרוּ־לָךְ׃

ח בְּהַנְחֵל עֶלְיוֹן גּוֹיִם
בְּהַפְרִידוֹ בְּנֵי אָדָם
יַצֵּב גְּבוּלוֹת עַמִּים
לְמִסְפַּר בְּנֵי יִשְׂרָאֵל׃

ט כִּי חֵלֶק יְהוָה עַמּוֹ

יַעֲקֹב חֶבֶל נַחֲלָתוֹ׃

י יִמְצָאֵהוּ בְּאֶרֶץ מִדְבָּר

וּבְתֹהוּ יְלֵל יְשִׁמֹן

יְסֹבְבֶנְהוּ יְבוֹנְנֵהוּ

יִצְּרֶנְהוּ כְּאִישׁוֹן עֵינוֹ׃

יא כְּנֶשֶׁר יָעִיר קִנּוֹ

עַל־גּוֹזָלָיו יְרַחֵף

יִפְרֹשׂ כְּנָפָיו יִקָּחֵהוּ

יִשָּׂאֵהוּ עַל־אֶבְרָתוֹ׃

יב יְהוָה בָּדָד יַנְחֶנּוּ

וְאֵין עִמּוֹ אֵל נֵכָר׃

יג יַרְכִּבֵהוּ עַל־בָּמֳתֵי אָרֶץ

וַיֹּאכַל תְּנוּבֹת שָׂדָי

וַיֵּנִקֵהוּ דְבַשׁ מִסֶּלַע

וְשֶׁמֶן מֵחַלְמִישׁ צוּר׃

יד חֶמְאַת בָּקָר וַחֲלֵב צֹאן

עִם־חֵלֶב כָּרִים

וְאֵילִים בְּנֵי־בָשָׁן וְעַתּוּדִים

עִם־חֵלֶב כִּלְיוֹת חִטָּה

וְדַם־עֵנָב תִּשְׁתֶּה־חָמֶר׃

טו וַיִּשְׁמַן יְשֻׁרוּן וַיִּבְעָט

שָׁמַנְתָּ עָבִיתָ כָּשִׂיתָ

וַיִּטֹּשׁ אֱלוֹהַּ עָשָׂהוּ

וַיְנַבֵּל צוּר יְשֻׁעָתוֹ׃

טז יַקְנִאֻהוּ בְּזָרִים

בְּתוֹעֵבֹת יַכְעִיסֻהוּ׃

יז יִזְבְּחוּ לַשֵּׁדִים לֹא אֱלוֹהַּ

אֱלֹהִים לֹא יְדָעוּם
חֲדָשִׁים מִקָּרֹב בָּאוּ
לֹא שְׂעָרוּם אֲבֹתֵיכֶם׃
יח צוּר יְלָדְךָ תֶּשִׁי
וַתִּשְׁכַּח אֵל מְחֹלְלֶךָ׃
יט וַיַּרְא יְהוָה וַיִּנְאָץ
מִכַּעַס בָּנָיו וּבְנוֹתָיו׃
כ וַיֹּאמֶר אַסְתִּירָה פָּנַי מֵהֶם
אֶרְאֶה מָה אַחֲרִיתָם
כִּי דוֹר תַּהְפֻּכֹת הֵמָּה
בָּנִים לֹא־אֵמֻן בָּם׃
כא הֵם קִנְאוּנִי בְלֹא־אֵל
כִּעֲסוּנִי בְּהַבְלֵיהֶם
וַאֲנִי אַקְנִיאֵם בְּלֹא־עָם

בְּגוֹי נָבָל אַכְעִיסֵם׃

כב כִּי־אֵשׁ קָדְחָה בְאַפִּי

וַתִּיקַד עַד־שְׁאוֹל תַּחְתִּית

וַתֹּאכַל אֶרֶץ וִיבֻלָהּ

וַתְּלַהֵט מוֹסְדֵי הָרִים׃

כג אַסְפֶּה עָלֵימוֹ רָעוֹת

חִצַּי אֲכַלֶּה־בָּם׃

כד מְזֵי רָעָב וּלְחֻמֵי רֶשֶׁף

וְקֶטֶב מְרִירִי

וְשֶׁן־בְּהֵמוֹת אֲשַׁלַּח־בָּם

עִם־חֲמַת זֹחֲלֵי עָפָר׃

כה מִחוּץ תְּשַׁכֶּל־חֶרֶב

וּמֵחֲדָרִים אֵימָה

גַּם־בָּחוּר גַּם־בְּתוּלָה

יוֹנֵק עִם־אִישׁ שֵׂיבָה׃

כו אָמַרְתִּי אַפְאֵיהֶם

אַשְׁבִּיתָה מֵאֱנוֹשׁ זִכְרָם׃

כז לוּלֵי כַּעַס אוֹיֵב אָגוּר

פֶּן־יְנַכְּרוּ צָרֵימוֹ

פֶּן־יֹאמְרוּ יָדֵנוּ רָמָה

וְלֹא יְהוָה פָּעַל כָּל־זֹאת׃

כח כִּי־גוֹי אֹבַד עֵצוֹת הֵמָּה

וְאֵין בָּהֶם תְּבוּנָה׃

כט לוּ חָכְמוּ יַשְׂכִּילוּ זֹאת

יָבִינוּ לְאַחֲרִיתָם׃

ל אֵיכָה יִרְדֹּף אֶחָד אֶלֶף

וּשְׁנַיִם יָנִיסוּ רְבָבָה

אִם־לֹא כִּי־צוּרָם מְכָרָם

וַיהוָה הִסְגִּירָם׃

לא כִּי לֹא כְצוּרֵנוּ צוּרָם

וְאוֹיְבֵינוּ פְּלִילִים׃

לב כִּי־מִגֶּפֶן סְדֹם גַּפְנָם

וּמִשַּׁדְמֹת עֲמֹרָה

עֲנָבֵמוֹ עִנְּבֵי־רוֹשׁ

אַשְׁכְּלֹת מְרֹרֹת לָמוֹ׃

לג חֲמַת תַּנִּינִם יֵינָם

וְרֹאשׁ פְּתָנִים אַכְזָר׃

לד הֲלֹא־הוּא כָּמֻס עִמָּדִי

חָתוּם בְּאוֹצְרֹתָי׃

לה לִי נָקָם וְשִׁלֵּם

לְעֵת תָּמוּט רַגְלָם

כִּי־קָרוֹב יוֹם אֵידָם

וְחָשׁ עֲתִדֹת לָמוֹ׃

לו כִּי־יָדִין יְהוָה עַמּוֹ

וְעַל־עֲבָדָיו יִתְנֶחָם

כִּי יִרְאֶה כִּי־אָזְלַת יָד

וְאֶפֶס עָצוּר וְעָזוּב׃

לז וְאָמַר אֵי אֱלֹהֵימוֹ

צוּר חָסָיוּ בוֹ׃

לח אֲשֶׁר חֵלֶב זְבָחֵימוֹ יֹאכֵלוּ

יִשְׁתּוּ יֵין נְסִיכָם

יָקוּמוּ וְיַעְזְרֻכֶם

יְהִי עֲלֵיכֶם סִתְרָה׃

לט רְאוּ עַתָּה כִּי אֲנִי אֲנִי הוּא

וְאֵין אֱלֹהִים עִמָּדִי

אֲנִי אָמִית וַאֲחַיֶּה

מָחַצְתִּי וַאֲנִי אֶרְפָּא
וְאֵין מִיָּדִי מַצִּיל׃
מ כִּי־אֶשָּׂא אֶל־שָׁמַיִם יָדִי
וְאָמַרְתִּי חַי אָנֹכִי לְעוֹלָם׃
מא אִם־שַׁנּוֹתִי בְּרַק חַרְבִּי
וְתֹאחֵז בְּמִשְׁפָּט יָדִי
אָשִׁיב נָקָם לְצָרָי
וְלִמְשַׂנְאַי אֲשַׁלֵּם׃
מב אַשְׁכִּיר חִצַּי מִדָּם
וְחַרְבִּי תֹּאכַל בָּשָׂר
מִדַּם חָלָל וְשִׁבְיָה
מֵרֹאשׁ פַּרְעוֹת אוֹיֵב׃
מג הַרְנִינוּ גוֹיִם עַמּוֹ
כִּי דַם־עֲבָדָיו יִקּוֹם

וְנָקָם יָשִׁיב לְצָרָיו

וְכִפֶּר אַדְמָתוֹ עַמּוֹ׃

Ouvrages du même auteur

QUI SE TROUVENT A LA MÊME LIBRAIRIE,

ET A CELLE DE G. KAUFMANN,

A GENÈVE.

Nouvelle méthode pour apprendre la langue hébraïque ; 1 vol. in-8°.

Traduction de la Genèse avec des notes philologiques ; 1 vol. grand in-8°

Tableaux synoptiques de prononciation et de grammaire anglaise.

Sous presse chez Ch. Gruaz, à Genève.

Une nouvelle traduction des Psaumes, par M. S. Franck, 1 vol. in-18.

www.ingramcontent.com/pod-product-compliance
Ingram Content Group UK Ltd.
Pitfield, Milton Keynes, MK11 3LW, UK
UKHW031957260826
14628UKWH00005B/2109

9 782013 442008